LE
GOUVERNEMENT PARFAIT

OU

SOCIALISME PRATIQUE

DÉDUIT

DU FONCTIONNEMENT DE L'ORGANISME ANIMAL PRIS POUR MODÈLE

PAR

Dʳ BERGERET

Prix : 50 Centimes

DIJON

IMPRIMERIE ET LITHOGRAPHIE F. CARRÉ

40, rue Amiral-Roussin, 40

—

1882

LE
GOUVERNEMENT PARFAIT

Cette brochure va froisser beaucoup d'intéressés ; elle sera donc probablement critiquée. Je veux que ces critiques puissent m'arriver ; c'est pourquoi je la signe.

LE
GOUVERNEMENT PARFAIT

OU

SOCIALISME PRATIQUE

DÉDUIT

DU FONCTIONNEMENT DE L'ORGANISME ANIMAL PRIS POUR MODÈLE

PAR

Dr BERGERET

Prix : 50 Centimes

DIJON

IMPRIMERIE ET LITHOGRAPHIE F. CARRÉ

40, rue Amiral-Roussin, 40

—

1882

LE GOUVERNEMENT PARFAIT

AUX ÉLECTEURS,

A Monsieur le Président de la République,

A Messieurs les Ministres,

A Messieurs les Sénateurs,

A Messieurs les Députés,

A Messieurs les journalistes,

A tous les gens d'ordre et de progrès.

Marcilly-Ogny, par Pouilly-en-Montagne
(Côte-d'Or). — Décembre 1881.

Il y a, aujourd'hui, une véritable anarchie dans les idées d'organisation sociale ; c'est une confusion inextricable, et la déclaration du gouvernement n'a pas éclairé suffisamment l'horizon.

Cette anarchie est due à ce que parmi les sénateurs, les députés, les journalistes, les clubistes, etc , il y a des adhérents aux idées philosophiques les plus contradictoires : théologiens, métaphysiciens, sceptiques, nihilistes, etc., qui se combattent avec le plus vif acharnement.

La théologie a fait son temps, les métaphysico-royalistes sont impuissants, les intransigeants veulent tout détruire et ne proposent rien à édifier sur leurs ruines.

L'heure a sonné pour la PHILOSOPHIE POSITIVE. A une conception philosophique nouvelle correspond une organisation sociale nouvelle. Tout homme qui a une idée à ce sujet doit la produire, et des idées émises sortira probablement quelque chose d'utile à une constitution solide de la République.

Je vais essayer d'exposer clairement mon plan d'organisation sociale en mettant à profit mes faibles connaissances scientifiques.

A mon avis, le meilleur modèle à suivre, pour l'organisation de la République, est celui d'un organisme animal qui n'est lui-même qu'une République d'éléments anatomiques.

Ministère de l'Intérieur

CONSTITUTION FAMILLIALE. — ÉLÉMENTS ANATOMIQUES.

Le biologiste, pour se rendre compte du mécanisme vital, procède à une analyse qui lui démontre que le corps est composé d'appareils, constitués par des organes, distribués en systèmes, formés de tissus, composés d'éléments anatomiques — vulgairement nommés cellules. — La cellule est donc le dernier terme de son analyse. Les cellules sont donc les facteurs fondamentaux de l'organisme animal, qui n'est qu'une agrégation cellulaire.

L'homme politique doit procéder comme le biologiste. La France, ou une nation quelconque, est composée de départements, constitués par des arrondissements, distribués en cantons, formés de communes, composées de familles.

Les familles sont donc les facteurs fondamentaux de l'Etat, qui n'est qu'une agrégation familliale.

Si je continue mon analyse et que je la fasse porter sur les différents systèmes de l'organisme animal : nerveux, musculaire, fibreux, osseux, etc., et que j'en fasse autant vis-à-vis des différents départements de l'organisme social : armée, instruction publique, santé publique, justice, postes, etc., j'arrive, d'un côté, à la cellule nerveuse, à la fibre musculaire, à la fibre élastique, à la cellule osseuse, et, de l'autre, au soldat, à l'instituteur, au médecin, au juge de paix, au facteur.

Mais je limite, pour l'instant, ma comparaison à l'élément fondamental de l'organisme animal : la CELLULE, et à celui de l'organisme social : la FAMILLE.

Je vais essayer de démontrer que tant vaut la cellule, tant vaut le corps, et que tant vaut la famille, tant vaut l'Etat.

Pour qu'un organisme animal soit beau, robuste et de bonne santé, il faut que la NUTRITION soit régulière ; il faut que les cellules trouvent dans le sang — milieu interne — tous les principes nutritifs nécessaires à leur génération incessante, pour remplacer celles qui meurent incessamment. Il faut, dis-je, que la génération incessante de cellules jeunes, équilibre et même dépasse, en nombre, la mortalité également incessante des cellules vieilles devenues impropres à la vie.

De même, pour qu'un Etat soit prospère, il faut que les naissances équilibrent et même dépassent, en nombre, les décès.

La génèse cellulaire peut être troublée par une foule de circonstances : sang mauvais par sa qualité ou sa quantité, air vicié, etc.

La naissance des hommes peut être troublée par la faiblesse des producteurs, par la disette, par les maladies constitutionnelles, par les épidémies, etc.

Les maladies du Corps accusent celles de la cellule.

Les maladies de l'Etat accusent celles de la famille.

Il en est encore de même pour les maladies des systèmes organiques, que pour les maladies des corporations ouvrières.

La cellule — je puis dire ainsi dans cette brochure — est hermaphrodite, c'est-à dire qu'elle donne naissance à de nouvelles cellules en se segmentant elle-même.

La famille ne se constitue que par le rapprochement de l'homme et de la femme. La nature préside à la formation de la famille par l'attraction des deux éléments constitutifs.

Toute mesure propre à rendre plus étroite l'union familliale et à l'entourer de toutes sortes de considérations, doit attirer la sollicitude de l'homme politique.

Jusqu'alors les lois ont été faites à l'avantage unique de l'homme, aux dépens de la femme et de l'enfant; il faut, au contraire, que les intérêts de l'homme soient subordonnés à ceux de la femme et de l'enfant.

En dehors du mariage, la femme n'a ni moyens d'existence, ni moralité. Les rares enfants survivants, produits par l'inconduite, deviennent, par la force des choses actuelles, des déclassés et des anarchistes. Il faut que la loi protège l'innocence et la faiblesse contre l'égoïsme criminel. La femme ne doit pas *seule* supporter le poids des fautes commises par passion. En République, un enfant ne doit pas avoir seulement une mère, mais aussi un père. L'enfant innocent ne doit pas payer pour les parents coupables. La recherche de la paternité, jusqu'alors interdite, doit être autorisée, cette mesure peut avoir des inconvénients, mais ses avantages sociaux seront immenses; elle coupera court au libertinage, ce cancer des familles.

Si l'amour n'est pas toujours le mobile de l'union familliale, il faut que l'homme et la femme qui se marient soient honorables et aient de l'estime l'un pour l'autre. Il faut que l'homme soit le directeur de la famille et qu'il n'y ait pas, entre lui et sa femme un intermédiaire ; il faut que la femme ne soit pas la chose du curé, mais l'épouse de son homme ; il faut qu'à une résignation stupide — enseignée dans les écoles cléricales — elle substitue le courage ; il faut qu'on lui enseigne à lutter pour l'existence afin, qu'à deux, ils amènent le bien-être, l'ordre et la moralité dans la famille. Il ne faut plus que souvent le mariage soit une simple formalité légale qui cache la polyandrie et la polygamie où passent les ressources qui créeraient l'abondance à l'intérieur.

Constitution familliale

Le ministre de l'intérieur doit donc, avant toute chose, présenter une loi sur le mariage et en prescrire la célébration avec grandes pompes, à la mairie.

En formuler une autre très sévère contre le célibat. Les célibataires *de tous ordres* ne sont que des agents de désordre dans les familles des autres et de dissolution dans les leurs. Les exclure de toute fonction administrative, quelle qu'elle soit.

Et une autre contre l'oisiveté. Les oisifs sont des parasites qui vivent aux dépens de tous et qui ne rendent aucun service à tous. Leur vie n'est qu'une longue suite d'attentats à la moralité publique et privée. Dans l'organisme animal, il est impossible de trouver un élément anatomique sans fonction ; il travaille pour lui et pour tous, et tous travaillent pour lui et pour tous. Donc, *tout adulte bien portant doit avoir une profession utile à la société.*

Réglementer très sévèrement la prostitution autorisée et pourchasser avec acharnement la clandestine.

Accorder des privilèges particuliers aux gens mariés, n'accorder qu'à eux des places administratives, depuis les plus petites jusqu'aux plus élevées.

Commune. — Lorsque la famille sera enveloppée d'une atmosphère de profonde honnêteté. Lorsqu'on aura détruit cette excitation constante à la débauche qu'on respire dans certains théâtres, dans les chansons immorales et obscènes des cafés-concerts, dans les romans histériques publiés en feuilletons. Lorsqu'on aura procuré les plus grands avantages aux gens mariés, il faudra organiser la commune, le canton, le département et la République.

La constitution communale doit reposer sur le principe de la décentralisation la plus absolue pour tout ce qui est des intérêts purement communaux. Le conseil municipal ne doit être recruté que parmi les pères de familles. Les intérêts communs ne peuvent être plus sagement et plus économiquement gérés que par des hommes honnêtes conduisant bien leurs affaires personnelles. Personne mieux qu'eux ne peut répartir équitablement et proportionnellement, à la fortune territoriale, commerciale et industrielle, les charges communes.

Chaque commune devra avoir sa *carte communale*, bien orientée, bien exacte, à une échelle de 1/5000ᵉ par exemple, détachée de la carte cantonale. Là, les prés, les champs, les vignes, les bois, les chemins, les étangs, les canaux, les rivières, les ruisseaux, les fontaines, les usines, les exploitations de toutes les espèces, seront indiqués et dessinés à leurs places exactes.

Cette carte communale, comme nous le verrons par la suite, sera un résumé de toutes les données relatives à tous les ministères.

Pour l'intérieur, elle indiquera le nombre exact des maisons, des habitants, des mariés, des veufs, des veuves, des célibataires et des enfants des deux sexes. Le nombre des mariages, des naissances et des décès de l'année; elle renfermera, enfin, tous les renseignements de la commune relatifs à l'intérieur. — Un recensement annuel.

Cette carte sera suspendue dans l'école, et l'instituteur, donnant à ses élèves l'explication de chaque donnée et les comparant avec celles des années précédentes, suspendues à côté, fera remarquer le progrès réalisé en agriculture, en voirie, en instruction, en hygiène, etc.

Il leur fera ainsi des leçons très utiles, en les initiant aux affaires communales, qu'ils auront à diriger plus tard. De plus, il devra en faire faire une copie à chacun de ses élèves les plus âgés et les plus instruits.

Cette carte communale, envoyée chaque année au canton, y fournira les éléments d'une statistique cantonale très exacte, relative à chacun des départements de l'État.

CANTON. — Le canton, suivant sa physionomie propre, sera un premier petit centre représentant, aussi complètement que possible, l'État.

Sous la présidence du président du conseil cantonnal, quinze jours ou trois semaines avant chaque réunion du conseil départemental, au chef-lieu du département se réuniront :

Intérieur. — Tous les maires des communes.

Instruction. — Tous les instituteurs et institutrices.

Santé publique. — Les médecins, les vétérinaires, les pharmaciens, le conseil cantonal d'hygiène.

Justice. — Le juge de paix, le brigadier de gendarmerie.

Travaux publics. — L'agent-voyer.

Postes et télégraphes. — Le directeur des postes.

Finances. — L'agent financier du canton, etc.

Là, sur une carte du canton, à l'échelle de 1/25,000° par exemple — une carte cantonale spéciale à chacun des départements ministériels — seront faites des statistiques spéciales à chacun des ministères. Pour l'intérieur : nombre exact des maisons — avec indications relatives à leurs espèces : maison de maîtres, fermes, étables, granges, etc.; des habitants, mariés, veufs, veuves, célibataires et enfants des deux sexes; nombre des mariages, des naissances, des décès de l'année; enfin tous les renseignements cantonaux relatifs à l'intérieur. Tous ces renseignements seront représentés par des graphiques ou feront le sujet de rapports spéciaux rédigés sur les données communales.

Le tout sera accompagné d'un rapport spécial renfermant les demandes de réformes ou de créations nouvelles réclamées par les communes.

Département. — Le président du conseil cantonal, membre, naturellement, du conseil départemental, muni d'une carte cantonale spéciale à chaque ministère et de tous les rapports spéciaux à chacun de ces ministères, les présentera au conseil départemental — centre plus important, mais analogue à celui du canton.

Là, sera faite la statistique générale du département et la statistique spéciale à chaque ministère.

Toutes ces statistiques achevées seront traduites en graphiques sur une carte départementale spéciale à chaque ministère. Cette carte départementale sera à 1/100,000e, par exemple, suivant qu'en décidera le ministère des travaux publics, à qui incombera naturellement la confection de toutes les cartes communales, cantonales, départementales et de France — il sera parlé de leur confection lorsque j'en serai aux travaux publics.

Chaque année, le conseil du département, par l'intermédiaire d'une commission élue et prise dans son sein, publiera, avec la carte départementale, un *Annuaire* de statistique générale du département et des statistiques spéciales à chacun des embranchements de son organisation. Dès la seconde année, toutes les données statistiques pourront être traduites en graphiques, les années étant une des

ordonnées et les éléments de chaque statistique étant
l'autre. Dès la seconde année donc, la ligne des graphiques,
montant ou descendant, montrera s'il y a augmentation ou
diminution dans une donnée quelconque. Et, chaque année,
la ligne s'allongeant d'un degré, la comparaison se fera
d'un seul coup d'œil et on jugera ainsi, en une minute, de
l'état de prospérité du département.

Chaque département jouira de sa vie propre et indépen-
dante ; il n'aura de rapports avec l'Etat que par l'intermédiaire de ses délégués.

Ce système de décentralisation sera une garantie absolue
contre tout retour au despotisme. Avec la centralisation
actuelle, au contraire, en s'emparant des ministères qui
sont à Paris, la France pourrait être prise et égorgée
comme au Deux-Décembre. — Lorsque le despotisme est
possible, le despote n'est pas loin. — Soyons prudents et
prévoyants.

Etat. — Le ministre de l'intérieur et chacun des autres
ministres recevront un exemplaire de l'*Annuaire* départemental avec la carte, les rapports et les graphiques spéciaux
à chacun d'eux. A l'*Annuaire* et aux documents spéciaux
seront annexées les demandes départementales de réformes,
d'améliorations, de créations nouvelles qui seront soumises
à la Chambre, qui en délibérera et en légiférera.

Avec ces documents spéciaux, le ministre de l'intérieur
fera rédiger un *Annuaire* général précédé de sa législation
spéciale ; une carte de France, de l'intérieur et tous les documents seront traduits en graphiques.

Pour ce travail, le ministre trouvera un excellent modèle
dans l'*Annuaire* du bureau des longitudes.

Travaux publics

ORGANISATION SOCIALE. — BASE COMMERCIALE. — TISSU DE
L'APPAREIL CIRCULATOIRE ET SYSTÈME OSSEUX.

Je ne devrais pas abandonner ainsi la famille organisée
en groupes communaux formant les petits centres cantonaux agrégés en départements. Je devrais immédiatement
m'occuper de son instruction et de sa santé; ce serait la
logique. Mais je viens de parler de cartes communales,
cantonales, départementales, devant représenter la conte-
nance annuelle exacte des prés, champs, bois, vignes,
mines, industries, fabriques, maisons commerciales, etc., de
la France, véritable *cadastre* foncier, immobilier, industriel
et commercial, pouvant et devant servir de base à l'éta-
blissement équitable de l'impôt.

J'ai cru utile, pour l'intelligence de mon plan sociologique,
d'expliquer comment des cartes pourront être rapidement
faites et mises à la disposition des communes, des cantons
et des départements. C'est pourquoi je vais m'occuper
maintenant des travaux publics qui font partie de l'organisation sociale et qui, organiquement, correspondent au tissu
de l'appareil circulatoire et au système osseux du corps
des animaux.

Je dirai qu'on peut juger de la richesse et de la prospérité d'un pays d'après le nombre, l'étendue et l'état d'entretien de ses voies de communication, comme on peut juger de
la puissance d'assimilation et de l'activité fonctionnelle d'un
organe d'après le nombre des vaisseaux sanguins qu'il ren-
ferme.

C'est naturellement au ministère des travaux publics
qu'incombe la confection de la carte de France, des cartes
départementales, cantonales et communales. Il faut une
échelle spéciale à chacun de ces genres de cartes.

La chose serait des plus simples si les communes, les cantons et les départements avaient des étendues à peu près semblables, mais leurs dimensions et surtout leurs formes géométriques présentent des différences considérables et très-capricieuses. Néanmoins, il faut que l'échelle de chaque genre soit la plus grande possible. Il faut que l'orientation soit bien exacte pour que, plaçant les unes à côté des autres les cartes communales, on reconstitue le canton, et que procédant de même avec les cartes cantonales on représente le département.

Une commission ministérielle d'ingénieurs déterminera les dimensions de chaque genre de cartes. Avec la photographie, elle donnera exactement, à la carte de France, l'étendue fixée d'avance. Avec la carte de France, elle fera le tirage photographique des départements; avec celle des départements, celles des cantons, et avec ces dernières, celles des communes.

Tout ceci peut être fait facilement, rapidement et exactement à des échelles de plus en plus élevées. — Si le travail est trop considérable pour la commission ministérielle seule, des sous-commissions départementales ou cantonales pourront lui venir en aide. — Ceci entendu et compris, je m'occupe du fonctionnement spécial des Travaux publics.

Pour construire les chemins de fer, les routes, les ponts, les chaussées, les canaux, les voies de toutes les espèces, les ingénieurs de tous les degrés ne peuvent trouver de meilleurs modèles à suivre que ceux fournis par l'organisation animale. Si les tissus du cœur, des artères, des veines, des capillaires, sont solides, il ne se produit ni anévrismes, ni varices, ni hémorrhagies. De même, si les ponts, les tunels, les chaussées, les routes, les berges des canaux, etc., sont construits selon les données géométriques et avec de bons matériaux, il ne se produira ni effondrements, ni éraillements de berges, ni ruptures de digues, etc.

COMMUNE. — Sur la carte communale on tracera, avec leur largeur, toutes les voies de communication : routes, chemins vicinaux, de grande communication, chemins de fer, étangs, chaussées, tunnels, ponts, usines mues à l'eau, etc.

Le conseil municipal indiquera, dans un rapport, les réparations et les améliorations à faire, et tracera par une ligne ponctuée les chemins nouveaux à exécuter.

CANTON. — Confection de la carte des voies de communication cantonale.

Discussions sur les rapports communaux relativement aux améliorations et aux chemins nouveaux devant mettre les communes en rapport les unes avec les autres et avec le chef-lieu de canton.

Les décisions prises au conseil cantonal seront exécutables immédiatement, sous la direction de l'agent-voyer, sans aller traîner une éternité dans les bureaux de la préfecture ou du ministère, sous prétexte d'être approuvées par des individualités qui ne connaissent pas les lieux ni les besoins locaux.

DÉPARTEMENT. — Carte générale de toutes les voies de communication du département. Discussions au conseil départemental des rapports cantonaux relativement aux routes, chemins de fer, canaux à améliorer ou à créer pour mettre les cantons en rapport les uns avec les autres, ou avec des gares, des ports, ou enfin avec le chef-lieu du département.

Les décisions du conseil départemental sont immédiatement exécutives, sous la direction des ingénieurs départementaux, pour tout ce qui regarde les travaux publics des cantons.

ÉTAT. — Les cartes et les rapports départementaux seront envoyés au ministère des travaux publics. Ce ministère soumettra à la Chambre les réclamations départementales et les demandes de création de voies et travaux publics nouveaux. La Chambre statuera, puis le ministère publiera l'*Annuaire* des travaux publics, précédé de sa législation spéciale. Dans l'*Annuaire*, on insérera chaque année une nouvelle carte de France qui sera un résumé statistique de tous les travaux.

Des graphiques spéciaux à chaque ordre de travaux permettront de suivre le développement des travaux publics.

Les agents de ce ministère existent, ils sont instruits et capables, — l'école des mines, des ponts et chaussées, les concours pour le recrutement des gardes-mines et des conducteurs des ponts et chaussées, — mais ne sont-ils pas trop nombreux? Ne pourrait-on pas faire aussi bien qu'eux et plus économiquement? — Pourquoi des ingénieurs pour faire casser des pierres? Il est évident que ce système de décentralisation amènera une réduction considérable de dépenses.

Instruction publique

ORGANISATION SOCIALE. — INSTRUCTION ET ÉDUCATION DES ENFANTS. — CELLULES JEUNES : NUCLÉAIRES ET SPHÉRIQUES N'AYANT PAS ENCORE ACHEVÉ LEUR ÉVOLUTION TYPIQUE.

L'Instruction publique, de même que l'intérieur, correspond organiquement à la cellule, mais à la cellule jeune : nucléaire ou sphérique, c'est-à-dire en voie d'évolution et n'ayant pas encore achevé son développement typique. Tous les éléments anatomiques constitutifs du corps sont donc de son domaine. Ceci représente socialement tous les enfants jusqu'à leur évolution complète, morale et intellectuelle, jusqu'à ce que leur développement physique les rende aptes à devenir des facteurs de la société et de la famille.

L'évolution physique des enfants ressortit complètement du ministère de la SANTÉ PUBLIQUE, les évolutions intellectuelles et morales *seules* constituent les attributions de l'INSTRUCTION PUBLIQUE, de ses instituteurs, de ses professeurs et de ses savants. — C'est suffisant. — L'éducation est affaire familliale ainsi que la première instruction jusqu'à l'école.

L'instruction familliale, ou mieux maternelle, doit commencer par le calcul mental, — addition et soustraction, de cerises, de pommes, de billes, etc.; — la géométrie — comparaison des longueurs, des surfaces, des volumes, etc.; — le dessin, le chant; puis viendront l'écriture et la lecture, dans l'ordre que j'indique. C'est l'ordre naturel, l'ordre établi par la philosophie positive.

En effet, lorsqu'on considère le paysan le plus illettré et même le plus naïf, — je suis admirablement placé pour faire cette observation — il sait compter et compter aussi bien, souvent plus vite que le lettré avec ses chiffres. Un paysan qui vend une vache, qui paie un fromage, qui reçoit un salaire, ne se trompe jamais; il sait très bien redresser les erreurs de calcul.

D'un autre côté, observons un enfant, s'il peut saisir un morceau de plâtre ou de charbon, sa passion sera de gribouiller des images informes, non proportionnées, mais représentant ce qu'il voit et ce qu'il conçoit. — La période préhistorique nous en fournit des exemples frappant dans les dessins trouvés sur les bois de rennes.

Cette première instruction, comme la première éducation, doit être laissée, ai-je dit, à la mère de famille; mais il faut que cette mère de famille sache comment s'y prendre. Il faut un petit traité qui incombe obligatoirement à M. le ministre de l'instruction publique.

Une fois à l'école, l'enfant de 8 ans doit commencer l'étude des sciences et des lettres dans l'ordre qu'ont indiqué

Comte, Ampère, Chevreul, etc. C'est l'ordre naturel déduit de l'observation et de l'expérience. Quant aux traités de Condillac, de Fénelon et de Rousseau, ce ne sont que de pures vues de l'esprit, dont on n'a pas à tenir compte. J'en excepte cependant Condillac, dont un philosophe peut tirer certain profit; il est à cent coudées au-dessus des deux derniers.

Momentanément, il y a au ministère de l'instruction publique un médecin, un positiviste qui connait nécessairement toutes les méthodes d'instruction et d'éducation.

Il serait téméraire de ma part de formuler un plan d'instruction vis-à-vis d'une personnalité confraternelle si savante.

Je me permets seulement de lui adresser quelques prières:

1° De rétablir au plus vite l'étude du grec, dans le programme relatif aux jeunes gens qui doivent embrasser les professions libérales. Sans lui, le langage scientifique leur deviendra incompréhensible.

L'Empire et plus récemment M. Jules Simon, avec leurs réformes dans le programme des études, sont déjà arrivés à faire estropier une foule de mots: le glucose au lieu de la glycose, faute orthographique et faute de genre; dyssenterie au lieu de dysentérie, et tant d'autres. Je n'ai pas à insister près de M. Paul Bert.

Le savant, en créant un mot — et tous les jours on en fabrique, — se sert généralement de deux mots grecs qui représentent les attributs essentiels de l'objet qu'il baptise; or, il les accouple et les écrit suivant des règles fixes; si on ne les respecte pas, ce sera bientôt une confusion inextricable; nous ressemblerons aux Allemands qui ne se comprennent plus d'une province à l'autre. (Voir le cri de leurs savants qui réclament une académie allemande analogue à notre académie française, — que cette dernière joue le rôle pour qui elle a été instituée). Si le jeune homme qui veut étudier les sciences n'est pas capable de trouver les racines d'un nom scientifique et d'en comprendre la signification, il ne le retiendra pas et l'estropiera orthographiquement.

2° De supprimer immédiatement l'enseignement de la métaphysique dans les lycées et les collèges et de la remplacer par la philologie et la philosophie positive et scientifique.

3° De laisser la liberté de conscience aux enfants dans les établissements scolaires. — Les parents déclarent si leurs enfants doivent, ou non, suivre les pratiques religieuses.

COMMUNE. — Sur la carte communale on indiquera le nombre et la nature des écoles et des maîtres; on les dessinera à leur place exacte avec leur orientation. Par un graphique on représentera le nombre des élèves, ce qui permettra de juger de leur augmentation ou de leur diminution. Sur un rapport, on notera leur exactitude et leurs progrès.

Autre rapport où seront consignées les réflexions sur les méthodes employées, sur la pédagogie et sur les modifications à y apporter.

CANTON. — Même statistique.

DÉPARTEMENT. — Statistique départementale concernant tous les genres d'instructions, le nombre des élèves de chaque genre, etc.

ÉTAT. — Le ministre recevant des départements la statistique scolaire complète, étudiera les réformes, les améliorations et les créations nouvelles demandées; il présentera ces observations à la Chambre, qui les discutera et qui légiférera à leur égard, puis il fera rédiger son *Annuaire* de l'instruction publique de France, précédé de sa législation spéciale, et renfermant des graphiques relatifs à toutes les données contenues dans les rapports.

Il devra faire appendre, aux murs des écoles communales, les cartes de toutes les communes, du canton et leur résumé — la carte cantonale — la carte départementale — la carte de France.

A la bibliothèque communale seront envoyés chaque année les *Annuaires* ministériels et celui du département.

Je dois faire remarquer à M. Paul Bert que la suppression des arrondissements mettra immédiatement entre ses mains 362 hôtels de sous-préfectures qui faciliteront singulièrement l'installation des collèges de filles.

Et, si la séparation des Eglises et de l'Etat est votée immédiatement — elle le sera forcément dans un avenir prochain — les cures fourniront aux communes des locaux pour les écoles de filles ou pour tout autre usage suivant la décision de chaque conseil municipal.

Je ne m'étendrai pas davantage sur ce sujet qui est à l'ordre du jour.

Je réserve ma critique pour plus tard, si j'ai lieu de critiquer.

Ministère de la santé publique

ORGANISATION SOCIALE — SANTÉ DES ENFANTS ET DES FAMILLES.
PRINCIPES IMMÉDIATS

Le ministère qui confine le plus étroitement avec l'Intérieur et l'Instruction publique est celui de la SANTÉ PUBLIQUE.

Je trouve sa représentation organique dans les principes immédiats de la troisième classe, c'est-à-dire dans les principes assimilables du sang, fabriqués par les organes splanchniques : foie, rate, glandes intestinales, poumons, etc., avec les produits de l'alimentation absorbés par les capillaires rouges et blancs et par l'oxygène fixé par les globules rouges dans les poumons. Je la trouve dans le fonctionnement des appareils de la dépuration physiologique : appareil rénal, cutané, intestinal, pulmonaire.

En effet, chez les animaux, le développement est limité et l'absorption entraîne nécessairement une élimination équivalente en poids. La santé est bonne lorsque, tous les jours, à la même heure, un homme adulte a le même poids; lorsque les recettes et les dépenses s'équilibrent.

Expliquer les conditions de la santé demanderait un développement que ne comporte pas un écrit de ce genre. Je les ai exposées dans un livre: *Manuel pratique de la santé*.

Il y a deux sortes d'hygiènes: 1° L'hygiène histologique relative au milieu interne, le *sang*; 2° l'hygiène animale relative à l'*être*. Mais, je le répète, je n'ai pas à écrire, ici, un traité d'hygiène. Je n'ai qu'à démontrer que dans une organisation sociale positive, le ministère de la SANTÉ PUBLIQUE est aussi indispensable au bon fonctionnement de la République que ceux de l'*intérieur* et de l'*instruction publique*, pour ne pas dire plus nécessaire.

La santé publique est le but du socialisme, comme l'hygiène est le but, la philosophie des sciences cosmologiques.

Tous les savants, et je citerai parmi eux les plus illustres : Ampère, Comte, Chevreul, assignent à l'hygiène le rang le plus élevé dans les connaissances humaines.

Examinons ce que doivent être les attributions sociologiques du ministère de la santé publique — aujourd'hui éparpillées dans tous les ministères, au lieu d'avoir une direction unique.

L'intérieur représente la constitution familliale: l'instruction publique instruit et moralise les enfants qui constitueront plus tard la famille; la santé publique doit d'abord fournir des enfants sains et robustes à l'instruction, et plus tard des adultes vigoureux à l'intérieur, où puiseront la guerre, la marine, l'agriculture, l'industrie, le commerce, enfin tous les départements de l'Etat.

La santé publique doit s'occuper non-seulement des enfants nés, sa sollicitude doit aller jusqu'à leur état embryonnaire, que dis-je, elle doit déjà les prendre à l'état atomique. Je m'explique : l'orsqu'il s'agit de mariage, les parents et quelquefois les futurs laissent de côté la question sanitaire pour ne s'occuper que de la fortune. On fait alors un marché honteux qui devient la source de la polyandrie et de la polygamie adultérine. Le riche entretien de la débauche du pauvre des deux contractants. Or la République doit intervenir dans la constitution familliale, comme je l'ai dit plus haut en parlant de l'intérieur.

Les futurs doivent se soumettre à l'inspection, l'un d'un médecin assermenté, l'autre d'une matrone également assermentée, avant de se marier, en présence des parents chacun de leur sexe. La chose est déjà pratiquée pour les hommes par la guerre, la marine, les travaux publics, etc. La mesure doit s'étendre aux futurs époux. Alors, il ne faudra pas longtemps à la République pour éteindre, ou tout au moins diminuer considérablement les maladies constitutionnelles qui désolent les familles et donnent des non valeurs à l'Etat. Cette mesure sera acceptée par tous les gens honnêtes qui, du reste, la mettent en pratique; les fourbes seuls crieront contre son obligation.

Le ministère de la santé publique doit formuler les prescriptions relatives à l'hygiène de la gestation, l'alaitement maternel et mercenaire, aux vêtements, aux exercices, aux soins de propreté, à l'alimentation des bébés.

Lorsque l'enfant pourra aller aux salles d'asile : hygiène des salles d'asile, cube d'air par tête, insolation, exercices gymnastiques, courses, sauts, chants, etc., des enfants en bas âge.

COMMUNE. — L'enfant va à l'école ; hygiène scolaire, orientation, éclairage, cube des salles, durée des classes suivant les âges, réglementation des jeux à la course, au saut, gymnastique.

Inspection médicale annuelle de tous les enfants avec rapport spécial sur l'état de la vision : myopie, hypermétropie, etc.

Organisation sérieuse de la médecine gratuite communale pour les pauvres.

Ordonnances pour les logements insalubres, les ateliers, les fabriques, les hôtels, les chambres garnies, les garnis, les habitations de toutes les espèces ;

Ordonnances vis-à-vis des cimetières, des fumiers, des charniers, des bêtes crevées.

Inspections des abattoirs, des boucheries, triperies, boulangeries, pâtisseries, épiceries, etc. Toutes les denrées alimentaires.

Inspections chez les marchands de vins, les brasseurs, les liquoristes. Toutes les boissons.

Institution scolaire d'observations météorologiques : barométrie, thermométrie, ozonométrie, pluviométrie, actinométrie, etc.

Rapport sur les naissances, les mariages et les décès. — Indication de la maladie. —

Rapport sur les maladies saisonnières, épidémiques, épizootiques, épiphytiques.

Carte communale de la santé publique, avec des graphiques représentant toutes les données indiquées ci-dessus.

CANTON. — Les cartes et les rapports communaux relatifs à la santé publique, centralisés au canton, seront examinés par le Conseil d'hygiène cantonal formé des médecins, pharmaciens, vétérinaires, instituteurs et institutrices. On fera un rapport cantonal sur :

La médecine cantonale gratuite ;

Les maladies saisonnières et épidémiques ;

Les mariages, naissances, décès — indiquant la maladie qui a fait mourir ;

Les établissements publics ;

Les établissements privés ;

Le nombre des maisons, désignation de leur affectation ;

Les cimetières, abattoirs, charniers, égoûts, voierie, etc.

Les produits alimentaires. — La quantité consommée de chacun ;

Les boissons. — La quantité bue de chacune.

Chaque canton aura son HOPITAL pour les maladies aigues et les accidents, et un HOSPICE pour les vieillards infirmes de 70 ans et plus, pour les épileptiques et les fous. Ces établissements, entretenus par tout le canton, seront ouverts à tous les malades indigents adressés par les maires, sur un certificat des médecins communaux.

Les administrateurs des ces établissements. seront civils et tous mariés, nommés par le conseil cantonal.

Le ou les médecins seront nommés au concours, ou, tout au moins, pris parmi ceux qui auront été internes des hôpitaux ou lauréats d'académie ou de sociétés savantes reconnues par le ministre de la santé publique.

Infirmiers et infirmières laïques, tous mariés. — Les veuves et les veufs de préférence. — Tous subiront un examen devant le conseil d'hygiène, sur un programme de connaissances obligatoires pour cet emploi.

Petit dépôt de mendicité et interdiction de mendiants infirmes de quitter leur commune.

Le comité d'hygiène fera sa carte cantonale avec graphiques et rapports sur toutes les données indiquées ci-dessus.

DÉPARTEMENT. — Au grand centre départemental, par les soins du conseil d'hygiène, sera dressée une carte départementale d'après toutes les données fournies par les cantons. Il sera annexé des rapports sur chacune de ces données.

Dans chaque département UN GRAND HOPITAL où les cantons pourront déverser leurs malades, en cas d'encombrement, et certaines maladies déterminées.

UN HOSPICE pour les aliénés, les incurables, pour les vieillards indigents et infirmes des deux sexes âgés d'au moins 70 ans.

Un grand dépôt de mendicité.

Tous ces établissements à la charge totale des cantons, mais où chacun d'eux contribuera suivant son importance.

Les administrateurs de ces établissements, tous mariés et pères de famille, seront nommés par le conseil départemental.

Les médecins et chirurgiens mariés seront nommés au concours, près de la Faculté ou de l'Ecole de médecine du ressort de chaque département. La nomination sera de dix ans, par exemple, pour faire passer le plus grand nombre possible de médecins par les hôpitaux, afin que le pubic ait des praticiens habiles.

Infirmiers et infirmières mariés ou veufs, recrutés après examen approbatif de leur savoir.

Conseil d'hygiène composé de cinq médecins, trois chirurgiens, trois pharmaciens, trois vétérinaires, sur présentation de leurs collègues ou confrères, des professeurs de chimie et de physique du lycée.

Les médecins des lycées, prisons et de tous les établissements publics, pris parmi les anciens médecins des hôpitaux et des hospices.

Bureau départemental d'inspection des denrées alimentaires et des boissons, sous la surveillance du conseil d'hygiène, avec un chimiste et un micrographe spéciaux.

Le conseil d'hygiène fera sa carte départementale de la santé publique avec des graphiques et des rapports sur chacune des données y relatives.

Annuaire départemental de la santé publique.

Au ministère, les cartes, les graphiques, les rapports départementaux serviront à dresser la carte générale de tous les établissements hospitaliers et les graphiques nationaux de toutes les données.

Toutes les demandes d'améliorations, de réformes et de créations nouvelles d'utilités générales sanitaires seront soumises à la Chambre, et, après discussions et décisions votées, il sera rédigé un *Annuaire* général de la santé publique de France.

Cet *Annuaire* renfermera la législation spéciale à ce ministère, ainsi qu'une statistique générale et spéciale à chaque donnée avec graphiques, permettant de lire et de comparer, d'un seul coup d'œil, chaque donnée avec celle de l'année précédente.

La SANTÉ de la guerre et celle de la marine ressortissent de la santé publique ; j'en parlerai lorsqu'il sera question de ces ministères.

La santé publique et l'instruction publique auront à s'entendre sur le programme des études médicales et sur les réformes, les améliorations et les créations d'écoles de médecine, de pharmaciens et d'infirmiers ; avec l'agriculture pour les écoles de vétérinaires, d'agriculture, de bergers, etc.; avec les beaux-arts pour les écoles de chant, de musique, de peinture, etc.; avec tous les ministères pour les conditions sanitaires de leurs écoles spéciales.

Agriculture

ALIMENTATION SOCIALE — APPAREIL DIGESTIF

Une condition indispensable à la vie sociale comme à la vie animale, c'est une alimentation abondante et saine.

On a souvent comparé l'agriculture à la mamelle de l'Etat. C'est une comparaison grossièrement juste.

L'agriculture ne correspond à aucun organe spécial du corps, mais à une de ses fonctions : la *digestion*, à laquelle sont rattachés tous les organes de l'appareil intestinal.

Pour qu'un homme soit bien nourri, il lui faut une alimentation renfermant des substances sucrées, grasses, féculentes et azotées ; mais ce n'est là qu'une indication sommaire équivalente à celle-ci : qu'il faut du fumier aux champs pour nourrir les céréales.

Si on analyse le sang d'un animal, on constate qu'il est constitué par la dissolution d'une *centaine* de principes immédiats, les uns indispensables à la nutrition cellulaire, les autres nuisibles, au contraire, à cette même nutrition.

Les premiers sont portés par les artères, dans les capillaires, où l'échange nutritif se fait, les autres sont versés, par les capillaires, dans les veines qui les charrient aux émonctoires de la dépuration physiologique.

Or, l'analyse chimique démontre que ces principes immédiats renferment *quatorze* — 14 — corps premiers : oxygène, hydrogène, azote, phosphore, chlore, sodium, potassium, calcium, magnésium, fluor, fer, etc.

La même analyse pratiquée sur les graines fait retrouver exactement ces mêmes corps.

Comme rien ne vient de rien, il faut, pour que les champs produisent des récoltes abondantes, qu'ils offrent ces mêmes corps à l'état de combinaisons binaires, ternaires, quaternaires, etc., aux graines qu'on y sème.

Les terres sont loin d'être toutes bonnes pour la culture, et les bonnes sont rapidement épuisées par la végétation. Il faut donc qu'on ajoute, sous forme d'engrais, les principes nutritifs qui leur manquent. C'est l'analyse chimique *seule* qui peut fournir des renseignements certains à cet égard.

Depuis longtemps de savants chimistes et de savants agronomes s'occupent de cette grave question agricole ; mais c'est surtout depuis 1857 que ces recherches ont été poussées avec une activité que je qualifie de *fébrile.*

Boussingault, Barral, Georges Ville et une foule d'autres ont fait faire un pas immense à cette étude.

Il y a des revues agricoles très utiles, mais les *Annuaires* du bureau des longitudes et spécialement celui de Montsouris fournissent, chaque année, les indications les plus précieuses aux agriculteurs ; ils ne sont malheureusement lus que par un petit nombre de savants et n'arrivent pas dans les campagnes où ils seraient si utiles.

Le ministère de l'agriculture trouvera, en France, un personnel nombreux de savants, avec l'aide desquels il pourra rapidement vulgariser la science agronomique.

. Il faut d'abord qu'à chaque école normale des instituteurs et des institutrices il soit fait un cours très-sérieux d'agronomie pour que l'instituteur communal puisse faire lire et commenter à ses élèves l'annuaire agricole que publiera chaque année le ministre ; pour que les institutrices apprennent aux jeunes filles à cultiver les fleurs et à diriger l'entretien du jardin de la maison.

Il existe déjà un certain nombre d'écoles spéciales, mais il faut les multiplier, il en faut une par département — naturellement spéciale à la culture dominante.

Il faut des haras bien organisés qui puissent créer des succursales dans tous les cantons agricoles et même dans les communes riches en prairies.

Il faut des vétérinaires en plus grand nombre, et que l'innoculation préventive des maladies microbiotiques soit obligatoire.

Je crois qu'en France il faut pousser les propriétaires à faire des prairies, et conséquemment à élever du bétail, à faire des vignes, car la culture à la charrue est trop dispendieuse.

L'Algérie et la Tunisie, bien administrées nous fourniront plus de blé qu'il n'en faut pour combler notre déficit annuel.

Pour faire des prairies, il faut de l'eau ; il y a donc le plus haut intérêt à bien aménager les sources, les ruisseaux, les rivières, et à faire partout des canaux d'irrigation.

COMMUNE. — Sur la carte communale agricole seront indiqués, avec des teintes spéciales, les prés, les bois, les champs, les vignes, etc.

Le nombre de chaque espèce d'animaux.

La naissance et la mortalité, avec obligation à tout le monde d'en faire la déclaration à la mairie.

Les épizooties et les épiphyties.

Les sources, ruisseaux, rivières, étangs, canaux, etc.

L'altitude.

CANTON. — Avec les cartes et tous les documents communaux, on dressera la carte agricole cantonale, on tracera les graphiques et on rédigera des rapports renfermant et représentant les mêmes indications totalisées.

DÉPARTEMENT. — Même travail qu'au canton, mais concernant tout le département. *Annuaire* départemental.

ETAT. — Le ministre, recevant les cartes et les rapports départementaux, soumettra les désiderata à la Chambre, puis, après décisions législatives, il publiera son *Annuaire* agricol renfermant les lois spéciales à son ministère et la statistique générale réduite en graphiques.

Cet *Annuaire*, à l'instar de celui de Montsouris, devra renfermer toutes les données scientifiques relatives à la culture.

Les cartes communales seront, chaque année, un véritable *cadastre foncier* à l'aide duquel il sera facile au ministère des finances d'établir les bases équitables de répartition de l'impôt foncier.

L'agriculture est sujette à bien des —mécomptes : grêle, gelée, incendie, sécheresse, inondations, épizooties, épiphyties, etc. Il faut créer un système d'assurance mutuelle sous la garantie de l'Etat. En faisant cela, le ministre de l'agriculture et du commerce ne ferait qu'imiter l'organisme animal, — mon guide dans l'exposition de ce plan de socialisme pratique, — où tous les éléments anatomiques sont solidaires les uns des autres.

Postes et Télégraphes

Dans l'organisme animal il y a deux systèmes qui correspondent bien exactement aux fonctions familliales et commerciales remplies par les postes et les télégraphes. La poste aux lettres représente le système grand-sympathique et les télégraphes le système cérébro spinal.

Mais les postes et les télégraphes ont encore beaucoup à faire pour fonctionner aussi régulièrement et aussi promptement vis-à-vis des usines, des manufactures, des ateliers, du commerce et des particuliers que le font les deux systèmes nerveux dont je viens de parler, à l'égard des organes, des tissus et des éléments anatomiques.

Ce département de l'Etat laisse encore beaucoup à désirer. Ainsi, dans la petite commune que j'habite en Bourgogne, dans le département de la Côte-d'Or, mon courrier arrive très irrégulièrement, quelques fois à midi, le plus souvent entre 3 et 3 heures 1/2, et assez fréquemment entre 4 et 5 heures du soir. Dans les 9/10ᵉ des fois il est de toute impossibilité de répondre à des demandes urgentes, même avec un cheval rapide, parce que notre bureau de poste est à 20 kilomètres, et que les dépêches en partent à 6 heures du soir. Or, après le chef-lieu, c'est la commune la plus importante, la plus commerçante du canton, celle qui paie le plus d'impôts. S'il en est ainsi en Bourgogne, que doit-ce être dans certaines provinces ?

Le ministre des postes, comme celui du commerce, reposent absolument sur les travaux publics qui devraient trouver leur place ici dans cet exposé.

Les postes, pour la distribution des lettres, journaux, etc., doivent suivre l'exemple de l'organisme animal. Le grand-sympathique envoie ses filets nerveux dans tous les points do l'organisme, il établit des plexus sympathiques dans tous les grands centres vitaux, — *appelons-les préfectures*, — et do simples ganglions dans les centres moins importants, — *cantons*. — De ces ganglions émanent des filets sympathiques qui vont se terminer dans les éléments anatomiques mêmes, *les familles*, — où ils prennent la forme d'un réceptacle téléphonique. Partout ils sont logés sur les vaisseaux sanguins, — *grandes et petites voies commerciales*. — Là leurs fonctions sont doubles : 1º ils reçoivent les demandes, — *lettres ou télégraphes*, — et les transmettent immédiatement au centre nerveux le plus proche, *bureau de poste ;* — 2º ils président à la distribution des vivres. Ils exercent leurs fonctions avec autant de justice, d'équité et de célérité qu'il n'y a jamais de réclamations, aucun favoritisme ; la justice, rien que la justice.

L'analogue des plexus et des ganglions sympathiques existent et fonctionnent bien dans l'organisation postale actuelle, mais c'est entre le ganglion — *cantonal* — et l'extrémité téléphonique — *familliale* — que le fonctionnement laisse fort à désirer, sous le rapport de la célérité.

A mon avis, la distribution communale devrait être laissée aux soins de l'agent postal cantonal, sans l'intervention du bureau départemental ni sans celui du ministère. Au conseil cantonal, comme nous l'avons déjà vu, siègent tous les maires ; ils sauront bien régler cette distribution cantonale au mieux des intérêts de chacun et très économiquement en s'entendant avec l'agent postal du canton.

A l'égard de cette distribution communale, il ne peut pas y avoir de règlement général, car il doit être modifié suivant l'importance de chaque canton. Ce sera l'imitation complète de la nature et le seul moyen d'arriver à bien.

COMMUNE. — Rapport fourni par le facteur indiquant le nombre des télégrammes, des lettres, journaux, brochures, circulaires expédiés et reçus.

Rapport sur les desiderata.

CANTON. — Carte cantonale indiquant par un tracé la route de chaque facteur, le nombre des bureaux de distribution, le nombre des lettres, télégrammes, brochures, etc., avec graphiques pour chacun de ces objets.

Décisions, au conseil cantonal, relativement aux desiderata communaux.

DÉPARTEMENT. — Statistique postale générale du département, graphiques représentant l'augmentation ou la diminution de la circulation des lettres, journaux, etc.

ÉTAT. — Toutes les statistiques départementales fourniront les éléments de l'*Annuaire* postal de la République, renfermant la législation postale et tous les renseignements traduits en graphiques.

Les desiderata seront soumis à la Chambre qui légiférera sur chaque question à elle soumise.

Différentes choses réclamant l'attention du ministre : la célérité, la fidélité et la discrétion. Sur ce dernier point, il doit recevoir bien des réclamations.

Commerce

CIRCULATION DES MATIÈRES PREMIÈRES ET DES MATIÈRES FABRIQUÉES, LEUR ÉCHANGE AVEC LES FAMILLES.
CIRCULATION DU SANG ET SA DISTIBUTION CELLULAIRE.

Le gouvernement a réuni le commerce et les colonies, l'idée n'est pas heureuse, à mon avis. Les colonies ressortissent de l'intérieur. Je ne traiterai, dans ce moment, que du commerce, les colonies viendront plus loin.

COMMERCE. — Le commerce repose entièrement sur les Travaux publics et sur les Postes; sans eux, il resterait à l'état embryonnaire.

Les Travaux publics sont analogues aux tissus du système circulatoire ; le commerce représente le sang qui circule dans ce même système : artères, veines, capillaires rouges et blancs.

Organiquement, le ministre du commerce représente donc le cœur qui donne l'impulsion au sang.

Le cœur presse le sang et le fait circuler dans toutes les parties du corps, et c'est dans les capillaires que les échanges se font sous la surveillance et sous la direction du grand sympathique.

Le sang est le produit des aliments digérés et rendus assimilables par le travail spécial des glandes intestinales et surtout du foie.

Le commerce lance sur les chemins de fer, les canaux, les routes, etc., les produits bruts qui vont aux usines. Fabriqués, ils sont repris et arrivent dans les boutiques de détail — véritables capillaires.

Dans un organisme sain, aucun élément anatomique n'est oisif. Tous : fibres musculaires, cellules osseuses, cellules cartilagineuses, cellules et tubes nerveux, etc., travaillent pour tous et tous pour chacun. C'est une harmonie parfaite.

Le ministre du commerce doit s'inspirer de cet exemple admirable, de la solidarité des travailleurs, de l'organisme animal. Il doit régler d'une façon équitable les rapports entre le commerce et le travail.

Dans l'organisme animal, il n'y a pas seulement rétribution, mais partage. Le commerce doit imiter cet exemple. Pour que tout fonctionne dans la perfection, il faut qu'il y ait partage des bénéfices :

Capital : 5 0/0 de la somme engagée.

Travail : le salaire convenu.

Bénéfice : partage égal entre le capital et le travail. De cette façon, tout le monde est intéressé à la bonne conduite des affaires et le succès est certain.

Lorsqu'il y a surabondance nutritive, l'organisme constitue des dépôts dans les mailles du tissu cellulaire — véritables greniers d'abondance - *banques*. Lorsque l'organisme
entier, ou seulement certaines parties de l'organisme, sont en
détresse, ces matières déposées sont reprises par les capillaires blancs et versées dans le torrent circulatoire, pour
porter secours aux parties en souffrance.

Les banques — *les greniers d'abondance* — doivent être
réglementées à l'instar de l'organisme. Le ministre doit
apporter le plus grand soin à ces institutions financières,
n'en laisser fonctionner aucune sans son autorisation et les
faire surveiller très attentivement par des inspecteurs spéciaux qui, tous les trois mois, au moins, publieront la situation exacte de chacun d'eux. De cette façon, les créan-
ciers et les débiteurs seront éclairés et on n'assistera pas,
impuissant et ruiné, à des désastres scandaleux qui se
multiplient d'une façon effrayante.

Tel est le rôle délicat, mais nécessaire, du ministre du
commerce pour la sécurité et le bien-être de tous.

En retour, il doit exiger de chaque commerçant et de
chaque industriel une tenue de livre bien exacte.

A la COMMUNE, au CANTON et au DÉPARTEMENT seront dres-
sées des cartes spéciales du commerce, indiquant les trans-
actions de toutes les espèces, le prix des denrées etc., etc.;
dans des rapports communaux, cantonaux et départementaux seront consignés.les desiderata commerciaux.

ÉTAT. — Avec les documents départementaux le ministre
fera son *Annuaire* commercial, précédé des lois spéciales.
Tous ces documents traduits en graphiques permettront de
juger rapidement de l'état de prospérité commercial de la
République.

Cet *Annuaire* servira au ministre des Finances pour baser
les taxes à prélever sur le commerce et l'industrie pour le
budget.

Les desiderata seront soumis à la Chambre pour qu'elle en légifère.

Justice

PROTECTION FAMILLIALE. — MORALE D'ÉTAT BASÉE SUR DES CONVENTIONS OU LOIS VOTÉES ET ACCEPTÉES, AUXQUELLES TOUT LE MONDE DOIT SE SOUMETTRE.

FACULTÉS CÉRÉBRALES QUI FONT, *expérimentalement*, DISCERNER LE BIEN DU MAL.

La justice ne correspond à aucun tissu ni à aucun appareil organique ; elle est assimilable aux facultés cérébrales qui font, *expérimentalement* discerner le bien du mal, suivant l'état de développement intellectuel et moral de l'individu. Ce discernement est rédigé sous forme de convention ou de lois votées et acceptées, auxquelles tout le monde doit se soumettre.

C'est en quelque sorte le code de la morale nationale — morale évidemment inférieure à la morale familliale.

Socialement, elle a pour but de maintenir l'ordre.

Mais l'harmonie sociale, comme l'harmonie vitale, subit des perturbations incessantes qu'il faut maîtriser pour qu'elles ne compromettent ni l'ordre social, ni la santé du corps.

L'harmonie vitale est troublée lorsqu'il y a rupture d'équilibre entre l'entrée et la sortie des principes immédiats du sang.

Certaines perturbations se traduisent par de simples malaises. Ce sont des oscillations au delà et au-deçà de *la ligne de santé*, qui reconnaissent généralement pour cause l'action délétère mais passagère des agents hygiéniques externes : froid, chaud, sécheresse, humidité, malpropreté, etc.

Certaines autres produisent des maladies aiguës ; ce sont des perturbations brusques et persistantes occasionnées par les mêmes agents que ci-dessus, mais plus spécialement par l'excès ou le défaut intempestifs des agents alimentaires et d'agents toxiques et fermentissibles, etc.

Enfin, la santé est détruite par l'action lente, mais persistante, de ces mêmes agents qui produisent les maladies chroniques et constitutionnelles.

Ces agents pertubateurs de la santé animale ne représentent-ils pas exactement ceux qui troublent l'harmonie sociale? Les premiers sont, en effet, analogues aux infractions aux lois municipales, aux contraventions à la police, aux petites contestations entre particuliers, etc. Ce sont des oscillations autour de *la ligne de l'harmonie sociale ;* elles sont le plus souvent réglées à l'amiable ; au plus ressortissent-elles de la justice de paix.

Les pertubations morales ou physiques plus graves, celles qui provoquent l'indignation sociale — fièvre algüe : — Vols considérables, banqueroutes frauduleuses, attentats à la pudeur, assassinats, etc., réclament les tribunaux ou les assises — médication énergique.

En cas de réaction fébrile, lorsque l'organisme animal reste impuissant à se débarrasser de son ennemi, le médecin vient au secours du malade, lui administre des médicaments qui tuent cet ennemi, ou aident l'organisme dans ses efforts d'expulsion.

De même lorsque les lois sociales sont violemment enfreintes, le juge avec l'aide de ses gendarmes — *médicacaments* — saisit l'ennemi social, le met en prison ou l'expulse de l'État.

Or, il n'y a pas de morale absolue. La morale n'est que relative à un état social et famillial déterminé. Ce qui est moral pour un sauvage ou pour une famille de Montbontons, de Bochismans ou de Fuégiens est abominable pour un

Européen. Il faut remplacer la morale cléricale et métaphysique par la morale scientifique. — A une conception
philosophique nouvelle, il faut des lois nouvelles. La
morale scientifique est caractérisée par l'emblème : *Liberté,
Égalité, Fraternité* — de la République.

Que le ministre de la justice s'inspire des lois biologiques
pour présenter un ensemble de lois sociologiques.

Que le fonctionnement de ses agents soit calqué sur celui
des appareils et des organes de la dépuration physiologique.
Il ne pourra rien faire de plus parfait qu'en imitant l'organisme animal.

COMMUNE, CANTON, DÉPARTEMENT. — Cartes et statistiques
communales, cantonales et départementales des crimes et
délits avec graphiques qui les représente — desiderata.

ÉTAT. — A l'aide des documents départementaux le
ministre rédigera l'*Annuaire* judiciaire précédé des lois relatives à l'organisation sociale et familliale.

Traduction de toutes les données en graphiques.

Présentation à la Chambre des desiderata pour qu'elle
légifère sur ces réclamations.

En résumé, on devrait créer quatre genres de juridic-
tions :

1º Justice communale. — Le maire et parfois le conseil
règlent les différents entre citoyens;

2º Justice cantonale. — Le juge de paix actuel mais dont
les pouvoirs seront étendus. Le juge de paix devra étudier
— instruire — toutes les affaires du canton qui iront à la
justice d'un ordre supérieur ;

3º Justice départementale. — Pour les affaires impor-
tantes;

4º Justice d'Etat.

Tous les juges, depuis le juge de paix, jusqu'au juge
d'Etat devra être élu chaque année et pris parmi les avo-
cats ou mieux les docteurs en droit.

Il sera mieux de faire plus tard ce recrutement au concours.

Finances

HONORAIRES DES DIRECTEURS ET DES DÉFENSEURS DE L'ÉTAT.
CERVEAU.

Au point de vue sociologique, les finances ont la même
importance que le cerveau au point de vue biologique.

Le cerveau n'est pas indispensable à la vie; il manque
dans certains organismes inférieurs. Dans les organismes
supérieurs il peut être détruit sans que la vie cesse.

— Flourens, chargé par l'Académie des sciences de véri-
fier la théorie de Gall sur les localisations cérébrales, a été
amené, dans ses recherches expérimentales, à enlever suc-
cessivement toutes les parties du cerveau. Il a conservé
pendant fort longtemps des poules, des pigeons, etc., ainsi
mutilés. — Pathologiquement, cet organe peut-être profon-
dément lésé, sans entraîner la mort. La vie, dans ces cas,
est réduite à sa fonction primordiale et fondamentale : la
nutrition ; elle est même plus régulière qu'avec le cerveau ;
elle est sous la dépendance unique du grand-sympathique.

Les hommes de la préhistoire et, de nos jours, certaines
peuplades sauvages de l'Afrique, de l'Amérique et de
l'Océanie vivent sans budget. Ce sont des êtres qui mangent
et voilà tout. Les finances ne sont donc pas indispensables.

Mais aussitôt que les hommes se groupent en société, on
voit immédiatement apparaître une organisation budgé-
taire.

En effet, l'organisation sociale repose sur des conventions et sur des lois votées et consenties par tous.

Il faut que ces conventions soient observées par tous, il
faut des agents pour les faire respecter, il faut de l'argent
pour les payer.

Plus les lois sont nombreuses, plus les agents le sont aussi et plus le budget doit être élevé.

De même, plus les passions et plus l'activité intellectuelle sont grandes, plus le cerveau se développe et plus l'afflux sanguin y est considérable pour le nourir.

Il n'y a pas lieu de pousser plus loin cette analogie qui frappera tout politique et tout biologiste.

Si le ministre des finances s'inspire de l'exemple de l'organisme animal, la perception des impôts sera bien simpliflée et les dépenses beaucoup moins considérables,

Dans l'organisme animal, l'agent nerveux — *agent financier* — est partout en contact, ou pour mieux dire, est partout accolé aux vaisseaux sanguins — *voies commerciales*. — Le cerveau a un représentant jusque dans les plus petits groupes cellulaire — *corpuscules sensitives, plaques terminales motrices* — COMMUNES.

Il y a une foule de ganglions — *petits centres de sensibilité et de mouvements* — CANTONS.

Enfin, il a aussi de gros ganglions — *petits cerveaux, centre de sensibilité et de mouvements* — DÉPARTEMENTS.

Il faut reconnaître que le ministère des Finances, avec ses recettes générales, particulières et ses percepteurs est calqué, jusqu'à un certain point sur l'organisation et le fonctionnement du système cérébro-rachidien. Mais ses agents ne sont-ils pas trop nombreux ? et les dépenses de son administration ne sont-elles pas trop considérables ?

A mon avis, voilà comment devra procéder le ministre des Finances. Ayant calculé la somme nécessaire aux intérêts et au remboursement de la dette nationale, et, d'autre part, celle nécessaire au fonctionnement de l'État, puis ayant réparti ces sommes proportionnellement sur le foncier, l'immobilier, le commerce, l'industrie, les douanes, sur toutes les ressources de l'impôt — ces sommes seront demandées aux départements, avec lesquels *seuls* il aura affaire. La part de chacun d'eux sera fixée, d'après son importance, à tous les points de vue indiqués ci-dessus.

DÉPARTEMENT. — Sur les rapports financiers des cantons arrivés au département, l'agent financier départemental calculera les sommes nécessaires aux intérêts communs du département — *finances départementales* — les additionnera avec celles demandées par le ministère — *finances d'État.* — Elles seront divisées en parts proportionnelles à l'importance de chaque canton et leur seront réclamées.

CANTON. — L'agent financier du canton cantonal calculera, à l'aide des rapports financiers communaux, la somme nécessaire au fonctionnement cantonal, il l'additionnera à celle demandée par le département et fera la quote part à chaque commune.

COMMUNE. — Au conseil communal incombera le soin de répartir la quote-part de chaque habitant: propriétaire, cultivateur, industriel, commerçant, etc., suivant sa fortune, son chiffre d'affaires, la nature de la propriété: vignes, prés, champs, bois, etc., pour obtenir, d'une part, la somme cantonale; d'autre part, le chiffre nécessaire à son propre fonctionnement.

Par ce mécanisme fort simple, imitation du fonctionnement de l'organisme animal, on peut supprimer toute cette armée de percepteurs, de gablous, etc.

Comment organiser cette perception?

J'ai imité l'organisme dans l'exposé de la décentralisation ci-dessus, je vais le prendre pour modèle dans la centralisation perceptrice des impôts, *fonctionnement du système lymphatique.*

COMMUNE. — Il n'y a pas d'autres bases à l'impôt que la propriété, le commerce et l'industrie — *sol agricol et sous-sol minéral* — de plus, les douanes qui protègent l'agriculture et le commerce. Tous les impôts de consommation sont fort injustes, car ils pèsent surtout sur les travailleurs et n'ont pas d'analogues dans le fonctionnement de l'organisme animal.

C'est en définitive la commune seule qui paie tous les impôts, quels que soient les systèmes employés.

La commune connaissant la somme qui lui incombe de payer, d'une part au canton, et d'autre part pour son fonctionnement propre, saura, par son conseil municipal, répartir la quote-part de chacun suivant la nature de sa propriété ou de son commerce.

L'impôt communal sera payé à la mairie entre les mains du maire, d'un adjoint ou d'un préposé quelconque, moyennant une redevance fixée par le conseil municipal, représentant un intérêt proportionnel aux sommes perçues, — intérêt qui sera fort peu élevé.

Chaque mois, le douzième, au minimum, de l'impôt cantonal sera versé au canton, et l'impôt communal sera gardé dans la caisse municipal pour payer : Instituteurs, institutrices, cantonniers, gardes-champêtres, etc., etc., — les fonctionnaires comunaux.

CANTON. — Le membre du conseil cantonal chargé des finances du canton fera deux parts des sommes versées par les communes : l'une sera portée au département, et l'autre gardée dans la caisse cantonale pour payer les fonction· naires cantonaux : juge de paix, gendarmes, agent voyer, médecin de l'hôpital, infirmiers, etc., etc.

DÉPARTEMENT. — Les sommes versées au département par les cantons seront divisées en deux parts : l'une pour l'Etat, l'autre pour payer les fonctionnaires du département. Ce système me semble bien clair et bien économique.

Statistique financière

La COMMUNE, à la fin de chaque année, fera un rapport sur ses impôts et sur sa situation financière. Au CANTON, même travail, ainsi qu'au DÉPARTEMENT.

Au ministère, avec ces documents, on publiera un *An-nuaire* représentant la fortune de la République d'une façon très exacte. Les graphiques, représentant la plus-value, permettant de juger d'un coup d'œil de la propriété de l'Etat.

L'*Annuaire* renfermera la législation spéciale aux impôts et leur proportionalité suivant ses différentes sources.

Si les chemins de fer retournent à l'Etat, il y aura là des ressources immenses — un milliard de revenu aujour-d'hui — qui augmentent tous les ans de 5 0/0 environ. Si les employés sont intéressés à l'exploitation, les choses iront peut-être mieux qu'aujourd'hui.

En résumé :

Finances communales,

Finances cantonales,

Finances départementales,

Finances d'Etat,

toutes indépendantes les unes des autres.

C'est, à mon avis, le meilleur moyen d'éviter un retour au despotisme.

Beaux-Arts et Arts industriels

LUXE, AGRÉMENTS ET PLAISIRS

ŒIL, OREILLE, LARYNX ET MAINS

Les beaux-arts ne sont pas essentiels à une organisation sociale, mais ils sont la source des jouissances les plus pures. Le beau, de quelque ordre qu'il soit, impose le respect, l'ad-miration, et élève ses sentiments.

Dans l'organisme social, les beaux-arts, les arts indus-triels et les arts décoratifs représentent *l'œil, l'oreille, le larynx et les mains*, dans l'organisme humain. Ces organes ne sont pas essentiels à la vie, mais bien voir, bien enten-dre, chanter harmonieusement et peindre sont la source de jouissances infinies et délicates. C'est par les organes des sens et spécialement par la vue et l'audition que nous acquiérons toutes nos connaissances.

Les beaux-arts, sans être essentiels, sont d'une utilité de premier ordre, dans une Républiqne, pour former le bon goût et policer les citoyens — songeons à Athènes.

Que les places publiques soient plantées de beaux arbres, qu'elles soient ornées de parterres remplis de belles fleurs, que les sociétés musicales et de chant soient organisées dans chaque commune, que chaque mairie ait un petit musée.

Tel doit être le but du ministre des beaux-arts.

COMMUNE. — Le chant et le dessin doivent être enseignés dans chaque école communale.

CANTON. — Le canton doit créer des bourses pour drainer, dans chaque commune, les enfants qui présenteront quelques dispositions artistiqes ; on les réunira au canton dans une école spéciale où, pendant un an ou deux, on cultivera leurs aptitudes.

DÉPARTEMENT. — Au département, après concours entre les élèves des cantons, les lauréats seront réunis dans des écoles spéciales : — musique, chant, dessin, peinture, — où ils recevront une instruction très soignée.

ETAT. — Un concours général et annuel désignera les élèves des départements qui seront admis aux écoles des hautes études artistiques de l'Etat.

De cette façon, le ministre des beaux-arts créera des régiments d'artistes fort distingués.

Il faudra qu'on produise beaucoup, bien et à bon marché, pour qu'aux orgues de barbarie on substitue des sociétés qui donneront toutes les semaines, dans les campagnes, et, tous les jours, dans les grands centres, des concerts en plein air, pour qu'on remplace l'imagerie d'Epinal par de belles reproductions artistiques.

Il faut que les particuliers puissent se procurer facilement et à bon marché de belles statues, de beaux tapis, etc. Il faut que le luxe entre partout.

Le ministre devra donner des plans pour la construction des édifices publics et pour la décoration des places.

Relations extérieures

Le ministère des relations extérieures représente, organiquement, la substance grise cérébrale — siège *de la pensée, du savoir* et des affections de toutes les espèces. Pour un ministre républicain, cette substance doit être limitée au bon ton, à la franchise, à la loyauté, à l'affabilité, à toutes les facultés aimables.

Le ministre de relations extérieures — *ministres, ambassadeurs,* etc., peut être assimilé à un bon et riche propriétaire ayant une nombreuse famille dont tous les membres sont instruits, robustes, beaux, bien éduqués, polis, francs, loyaux, prévenants, etc.

Les rapports sont naturellement amicaux et pleins de charme avec les propriétaires voisins; aux dîners, aux réceptions, on accourt en foule, on sollicite les invitations.

Si, au contraire, ce propriétaire et sa famille sont hautains, menteurs, cancanniers, tous les voisins les fuient.

S'il est puissant, hargneux, querelleur, les voisins se tiendront sur la plus grande réserve, leur politesse sera froide ; ils lui susciteront tous les embarras possibles et lui joueront tous les mauvais tours imaginables, hypocritement, sournoisement, jésuitiquement.

Le ministre de l'intérieur doit être franc, loyal et aimable. Par la loyauté, la franchise et l'amabilité, on impose forcément celle des autres. Avec de la politesse, sans faiblesse, les difficultés entre voisins s'apaisent rapidement. La hauteur, au contraire, les envenime, et il peut en résulter des querelles et parfois des rixes.

Le ministre des relations extérieures doit donc s'inspirer des facultés généreuses inhérentes à la substance grise et les imiter dans ses relations avec les voisins.

Guerre

DÉFENSE NATIONALE. — POINGS ET PIEDS.

Le ministère de la guerre ne devrait pas exister dans une République ; mais, aujourd'hui, il est nécessaire, à cause des voisins dont il faut se faire respecter. La guerre est toujours abominable, elle est aussi désastreuse pour les vainqueurs que pour les vaincus. Espérons qu'avec les progrès de l'instruction, l'état moral des peuples sera tel que les guerres deviendront impossibles dans l'avenir. L'armée, avec son recrutement parmi les éléments les plus robustes et les plus actifs de la nation, est une cause de ruine.

La guerre représente organiquement les *poings* et les *pieds.*

Lorsqu'un homme lutte contre un autre homme, il se sert non-seulement de ses pieds et de ses poings, mais il s'arme de tout ce qui est à sa portée, et, si la lutte a été préméditée, il a des armes offensives et défensives.

Le ministre de la guerre doit donc prendre pour exemple l'homme isolé attaquant son semblable ou se défendant contre autrui. Il faut qu'il donne à l'armée les meilleures armes pour l'attaque et les plus perfectionnées pour la défense. Sous ce rapport la sollicitude du ministère est grande et laisse peu à désirer.

Mais il ne faut pas seulement des armes aux soldats, il leur faut des soins hygiéniques, une nourriture saine et abondante, des vêtements solides, des souliers commodes pour la marche et une instruction patriotique.

La mortalité de l'armée par les balles et les boulets est insignifiante vis-à-vis de celle par les *épidémies*, — je dis épidémies à dessein.

Pendant la guerre de 1870-71, j'ai fait, quoique médecin des hôpitaux civils, le service de la caserne de Saint-Etienne pendant plusieurs mois; là étaient les dépôts de deux régiments et des volontaires en grand nombre.

J'ai été affligé en voyant l'organisation médicale de la caserne; mon patriotisme m'empêche d'en parler et peut-être les choses ont-elles changé depuis cette époque. Mais à l'Hôtel-Dieu, pendant plusieurs années, j'ai eu, à différentes reprises, le service militaire.

Ce n'a été constamment qu'épidémies : de variole, de rougeole, de fièvre typhoïde, de goitre, etc.

Les médecins militaires n'ont aucune autorité et les colonels voient les épidémies avec une indifférence déplorable.

Il faut que le ministère de la santé publique ait la prépotence à la caserne pour tout ce qui regarde la nourriture et l'hygiène des soldats; — aux médecins les mesures intérieures de toutes les espèces; aux colonels les exercices militaires.

En campagne, il n'y a jamais de rassemblement de troupes sans épidémies; — on n'a qu'à lire l'histoire à cet égard, et si on suspecte l'imagination des historiens, on n'a qu'à consulter le remarquable travail du docteur Chenu sur la campagne de Crimée.

Quant à l'intendance, il suffit de se rappeler ce qui s'est passé en 1870-71 pendant la malheureuse campagne de France et d'écouter les réclamations qui s'élèvent de partout.

Ainsi, il ne sufdt pas d'avoir des soldats, il faut les soigner, les nourrir et les vôtir. Il y a une série de réformes qui demandent de l'énergie, car l'élément spécialement militaire entend avoir la haute main partout, alors qu'il doit céder le pas à la médecine, à la caserne.

En temps de guerre, quand les troupes campent, le médecin doit avoir toute autorité, mais en marche et pendant les manœuvres et l'action, tout au général.

Suivant les temps et les lieux l'autorité doit donc être au médecin ou au général. Il faut que cette autorité de chacun soit parfaitement déterminée.

Pour l'armée active, on ne peut plus procéder par commune, canton et département. Mais si le ministre fait l'analyse de l'armée, il trouve : les brigades, les régiments, les bataillons, les compagnies, etc., pour arriver au soldat ou mieux à l'escouade, le dernier degré de l'organisation militaire.

Or, tant vaut l'escouade, tant vaut la compagnie, le régiment, l'armée. Tout dépend donc de l'escouade, — on l'a vu à Solférino.— Les soldats robustes, bien nourris, doivent avoir des caporaux et des sous-officiers braves et instruits.

Aujourd'hui que nous avons une armée nationale, toutes les écoles militaires devront faire leur recrutement à la suite d'un concours entre sous-officiers ayant fait au moins une année au corps et ayant débuté comme simples soldats. Les officiers qui en sortiront sauront mieux leur métier et n'infligeront pas aux soldats des punitions stupides qui étaient bonnes pour des vendus.

Abolir tout privilège, et ne passer d'un grade inférieur à un grade supérieur qu'à la suite d'un concours, — mais la durée d'un grade quelconque devrait avoir une durée minimum de

De cette façon on établira une saine stimulation parmi les officiers et les capacités arriveront rapidement.

Pour l'armée territoriale, il faut organiser des régiments départementaux, des bataillons ou compagnies cantonales et des escouades communales.

Les escouades communales, obligées à une revue et à des exercices mensuels instruiront les enfants des écoles. Des tirs seront organisés pour exercer les uns et les autres.

A la fête nationale du 14 juillet, les tirs à la cible et à l'oiseau seront suivis de récompenses aux plus adroits, par les soins du conseil municipal.

COMMUNE. — Un rapport communal constatera le nombre des territoriaux et des cadets, avec leur degré d'instruction.

CANTON. — Le canton fera le même dénombrement cantonal. Les vainqueurs communaux seront appelés à se disputer des prix plus sérieux au canton.

DÉPARTEMENT. — Statistique générale sur les territoriaux et les cadets, et prix départementaux où seront admis à concourir tous les lauréats cantonaux.

ÉTAT. — *Annuaire* de l'armée active et de l'armée territoriale, ainsi que des cadets.

Graphiques représentant le nombre et l'adresse.

Cette dernière organisation fournira à l'armée des soldats instruits et bons tireurs. La durée du service pourra être ainsi réduite.

Marine

DÉFENSE NATIONALE. — CÔTIÈRE ET COLONIALE, ARMES OFFENSIVES ET DÉFENSIVES.

La marine n'est qu'une extention spéciale de la défense nationale affectée aux côtes maritimes et aux colonies.

Je néglige complètement ce département de l'État. Je n'ai aucune compétence pour en parler.

La publication de son *Annuaire* et de ses lois spéciales instruiront sur son fonctionnement.

Mais ici, comme pour l'armée active de terre, point de favoritisme, point de népotisme, *tout au mérite.* Concours éntre les officiers du même grade pour passer d'un grade inférieur à un supérieur.

On objectera peut-être que la bravoure doit marcher sur le même pied que le savoir? Erreur. Pour gouverner un vaisseau, pour commander un régiment, la bravoure ne peut remplacer le savoir. Du reste tous les officiers français sont braves

Au savoir, les grades.

A la bravoure, des récompenses spéciales.

Colonies

EXTENSION DE L'ORGANISATION FAMILLIALE.
ÉLÉMENTS ANATOMIQUES.

Pourquoi les colonies ont-elles le même directeur que le commerce? Elles ressortissent complétement de l'intérieur.

En effet, les colons sont des enfants de la nation qui s'expatrient volontairement pour aller chercher les moyens de vivre et de faire fortune. Les colonies ne sont donc qu'une extension de la nation.

Les mêmes règles organiques doivent être appliquées aux colonies et à la métropole. Suivant leur importance, on les assimilera à une commune, à un canton ou à un département.

Aux colonies, comme en France, il faut des cartes et des rapports relatifs aux différentes ressources pour établir les statistiques coloniales spéciales.

Le ministère de la marine est spécialement le systême de défense coloniale.

La justice est pour maintenir l'harmonie parmi les colons entre eux, et l'infanterie de marine pour les protéger contre les voisins et les étrangers au milieu desquels ils vivent.

Mais il ne faut pas que, sous prétexte d'ordre intérieur et de protection extérieure, on organise un système policier et militaire qui étouffe la colonie ou lui aliène les populations soumises, mais sourdement hostiles.

Les rapports entre la colonie et la métropole ne peuvent s'établir que par l'intermédiaire de la marine marchande.

La métropole, bonne mère, enverra à ses enfants ce dont ils auront besoin, et les colons, bon fils, expédieront à leurs parents des produits coloniaux.

Ces relations doivent être facilitées et réglées au mieux des intérêts réciproques.

Les agents du ministère des colonies doivent donc être inspirés de sentiments de cordialité et faciliter les entrevues et surtout les visites aux colons et engager d'autres frères à rejoindre ces frères éloignés.

Dans l'*Annuaire* des colonies, le ministre doit faire le dénombrement annuel des vaisseaux marchands, établir leur tonnage et le mouvement commercial.

Cultes

DESTRUCTION SOCIALE. — SCROFULOSE, SYPHILIOSE, TUBERCULOSE, CANCER.

J'ai beau chercher à quel système, à quel appareil fonctionnel de l'organisme animal, je pourrais rattacher les cultes, je ne trouve rien de physiologique à leur comparer. Je ne puis assimiler cette association ténébreuse de célibataires — hors les lois de la nature — qu'aux maladies constitutionnelles qui détruisent le corps : scrofulose, syphiliose, tuberculose, cancer. On peut dire que c'est le ministère de la DESTRUCTION SOCIALE.

Il est réuni aujourd'hui à l'instruction publique, *c'est de la démence.* Comment! le RÉVÉLÉ à côté du DÉMONTRÉ, l'a *priori* à côté de l'*a posteriori*, le *roman* à côté de la *science*. Ah ! c'est trop fort !!!

Où la science pénètre le mystère disparaît. Le catholicisme recommande une résignation stupide et apprend à mourir, la science enseigne les moyens de lutter pour l'existence et apprend à vivre. Le catholicisme, *c'est la mort ;* la science, C'EST LA VIE.

Jetons un coup d'œil sur les peuples où le catholicisme a régné en maître, nous voyons des nations dépeuplées, ignorantes, supersticieuses, où le commerce et l'industrie ont disparu : Espagne, Italie, etc. ; nous en voyons une qui en est morte : Pologne ; nous en voyons à l'agonie : Mexique, Etats de l'Amérique du Sud. Le catholicisme tue les peuples comme les maladies constitutionnelles tuent le corps.

Voulons-nous examiner le catholicisme sous le rapport de son instruction et de sa morale ?

Pas un des faits de sa Genèse ne tient, *une seconde*, debout devant la critique scientifique. Son enseignement correspond aux besoins d'une humanité ignorante et enfantine.

Je disais dernièrement dans un article de la *Démocratie :*

« *Le croquage d'une pomme a tué l'humanité.*

« *La chute d'une pomme a tué Dieu.* »

Je n'ai rien à ajouter.

Quant à sa morale, elle a été suffisamment flagellée dans le temps par Pascal, et récemment par le ministre actuel des cultes. Ceux qui ne seront pas suffisamment édifiés pourront se reporter à Sanchez ou aux Apôtres de mon ami Ferrière. — *L'immoralité est inhérente au célibat.*

Il n'y a plus de terme moyen, il faut que la conception théologique fasse place à la conception scientifique.

Le catholicisme existe, il a une masse considérable d'adhérents, sa suppression ne doit pas être brusquée. Il est toujours dangereux de supprimer brusquement une habitude invétérée. Ainsi, un ivrogne qu'on prive subitement de boissons alcooliques, tombe en adynamie; le peuple privé subitement de sa religion actuelle tomberait en stupeur. Il faut procéder, dans l'un et l'autre cas, avec ménagement et arriver graduellement à substituer la philosophie positive à la philosophie théologique.

Système électoral

Le suffrage universel est seul compatible avec la République. *Res publica.* — La chose publique intéresse tous les Français et tous les Français y sont intéressés.

Mais si tous les Français sont intéressés au bon fonctionnement de leur organisation sociale, ils doivent nommer eux-mêmes tous les agents de ce fonctionnement. *Pas de fonctionnaire, de quelque ordre qu'il soit, non élu.* Telle est la signification du mot universel, tel est le but qu'il faut atteindre.

Nous allons voir qu'on peut y parvenir aisément.

La conception du suffrage universel est démocratique, elle est fort juste théoriquemennt, mais sa pratique entraîne nécessairement le *savoir*. Or, les électeurs sont-ils assez éclairés pour nommer directement eux-mêmes les fonctionnaires de tous les ordres? Dans l'avenir, ils le seront peut-être, mais aujourd'hui, non.

En 1848, Ledru-Rollin, le père du suffrage universel, a vu immédiatement que son idée généreuse n'était pas applicable. Aussi a-t-il tenté son expérience avec le scrutin de liste départemental et non national.

En effet; même pendant la période fébrile de la victoire populaire, comment demander à chaque électeur d'inscrire plusieurs centaines de noms — 900 — sur chaque bulletin. Ledru-Rollin a donc commencé par donner un croc-en-jambe à son enfant.

Je dois dire cependant que cette universalité du suffrage pour l'élection des députés a été soutenue par Girardin, mais qu'elle est restée sans écho.

Le suffrage universel était donc impraticable en 1848, comme il l'est encore aujourd'hui, puisqu'on ne le consulte qu'à la commune — conseil municipal, — qu'au canton, conseil général — et qu'à l'arrondissement ou au département, soit par scrutin uninominal, soit par scrutin de liste — Chambre des députés. Son universalité, déjà fort atteinte dans ces genres d'élections, est complètement annihilée vis-à-vis de tous les autres fonctionnaires.

Or, restreint comme il l'est actuellement à l'élection législative, départementale et communale, le fonctionnement du suffrage universel est tellement illogique qu'il est le sujet de querelles incessantes et passionnées parmi les élus eux-mêmes.

En effet, ce mode de votation est très-vicieux et, avec ce grand mot de PEUPLE SOUVERAIN, les candidats se moquent des électeurs à qui ils viennent débiter des sornettes pour se faire élire, oubliant toutes leurs promesses lorsque la farce est jouée.

Ce pauvre *peuple souverain* exerce sa souveraineté, pendant quelques heures, tous les trois ans, pour ses députés et ses conseillers départementaux. Puis une fois son orgueil de SOUVERAIN satisfait, on se moque de lui, parce qu'il a abdiqué entre les mains de ses mandataires et qu'il n'a aucun recours contre eux.

Je conçois un système infiniment plus pratique, plus universel et surtout plus *souverain*. C'est une décentralisation électorale copiée sur celle que je viens d'exposer relativement à l'organisation sociale.

Je vais exposer rapidement mon plan électoral, je reviendrai sur les détails dans l'article suivant, en parlant du *journalisme.*

Le premier groupe électoral où tous les électeurs et tous les éligibles sont connus les uns des autres est la commune.

L'organisation de l'élection municipale doit être la base et le modèle de tout système électoral, comme l'organisation familiale de la commune doit être la base et le modèle de tout le système social.

A mon avis donc, tous les ans, le premier dimanche après le jour de l'an, les communes éliront leur conseil communal; le second dimanche, les *conseillers communaux* réunis au canton éliront le conseil cantonal; le troisième dimanche, les *conseillers cantonaux* réunis au département éliront les conseillers départementaux; et le quatrième dimanche, les *conseillers départementaux* réunis à Paris éliront les CONSEILLERS NATIONAUX.

Naturellement, le conseil national remplacera les députés et les sénateurs.

Je vais m'expliquer dans l'article suivant.

Journalisme

ORGANISATION DES CONSEILS COMMUNAUX, CANTONAUX, DÉPARTEMENTAUX ET NATIONAUX.

Je viens d'exposer mon système électoral où les électeurs ne seront TOUS consultés que pour les élections communales. Les élections cantonales se feront au second degré, les élections départementales au troisième, et les nationales au quatrième. Il n'y aura plus de sous-préfets, de préfets, de députés, de sénateurs. Ils seront remplacés par les conseils dont je viens de parler.

SUFFRAGE COMMUNAL. — 1º Les hommes âgés de 21 ans révolus sont tous électeurs; mais tous les célibataires, — *sans exception* —, à 25 ans pour toutes les professions manuelles, et à 30 ans pour les professions libérales, cesseront d'être électeurs ; ils ne le redeviendront qu'en se mariant. 2° Les élus ne pourront être choisis que parmi les hommes mariés âgés d'au moins 30 ans.

Voyons maintenant l'organisation et la fonction de chacun des conseillers élus.

CONSEIL COMMUNAL. — Le premier dimanche après le jour de l'an, les conseillers municipaux seront élus — au nombre de 10 au moins et de 20 au plus, suivant l'importance de la commune. — Ils nommeront immédiatement leur président, *maire*, — lequel aura la *surveillance* de toutes les affaires communales, et comme attributions spéciales l'état-civil : naissances, décès, mariages, etc., — tout ce qui ressort du ministère de l'intérieur ; puis ils affecteront à l'un la perception des impôts et la caisse municipale, à l'autre la santé et l'hygiène, à un troisième l'instruction, à un quatrième les affaires agricoles ; les commerciales et industrielles à d'autres, etc., jusqu'à ce que tous les éléments de la statistique générale soient représentés par l'un d'eux, qui sera aussi chargé de la carte communale et des rapports spéciaux à un département ministériel.

Les discussions des questions municipales soumises aux délibérations du conseil seront reproduites dans les procès-verbaux, car chaque membre qui prendra la parole sera tenu d'exposer *par écrit* son argumentation pour ou contre ; et ces écrits seront annexés aux procès-verbaux dont ils constitueront l'exposé des motifs de la résolution.

Ces procès-verbaux seront insérés *in extenso* dans le *journal officiel cantonal* de façon que chaque électeur puisse connaître l'opinion de chacun de ses mandataires directs et juger de sa compétence à diriger les affaires communes.

Tous les fonctionnaires communaux : instituteurs, institutrices, médecins des pauvres, gardes champêtres, cantonniers, etc., seront élus chaque année par le conseil et payés par la caisse communale.

CONSEIL CANTONAL. — Le second dimanche, tous les con. seillers communaux réunis au canton éliront le *conseil cantonal*, composé de 30 membres au moins et de 36 au plus.

Le conseil, élu, élira son président, véritable *sous-préfet*, lequel aura la surveillance de toutes les affaires cantonales et comme attributions spéciales, l'état civil cantonal; puis nomination, dans son sein, d'un agent représentant chacun des ministères, lequel fera la carte cantonale spéciale à ce ministère, tracera les graphiques statistiques et rédigera les rapports spéciaux à sa fonction.

Les séances du consei! cantonal seront publiques et l'argumentation de chaque membre sera *écrite* par lui pour être annexée au procès-verbal.

Toutes les décisions du conseil cantonal relatives aux desiderata communaux seront immédiatement exécutives sans aller au département et à l'état.

Tout fonctionnaire cantonal, *de quelque ordre qu'il soit*, marié, sera élu par le conseil et réélu chaque année s'il est méritant.

OFFICIER CANTONAL. — Chaque canton aura son journal officiel où seront publiés les procès-verbaux, les rapports et tous les documents des conseils communaux et du conseil cantonal.

De cette façon, tous les électeurs seront exactement renseignés sur les faits et gestes de leurs mandataires de premier et de second degré et sur ceux de leurs fonctionnaires communaux et cantonaux. Ils pourront ainsi, chaque année leur continuer leurs fonctions s'ils sont actifs, ou les révoquer s'ils sont infidèles ou négligents.

L'*Officiel cantonal*, reçu et collectionné dans chaque mairie, constituera le registre cantonal et communal.

CONSEIL DÉPARTEMENTAL. — Le troisième dimanche, tous

les conseillers cantonaux réunis au chef-lieu du département éliront le conseil départemental : 60 membres au minimum, 80 au plus.

Le conseil, élu, élira son président, *véritable préfet*. Il aura la *surveillance* de toutes les affaires départementales, et, comme attributions spéciales, il aura l'état civil départemental; puis élection d'un chef représentant chacun des ministères, lequel fera la carte départementale spéciale à ses attributions, tracera les graphiques statistiques, rédigera les rapports sur les desiderata de son fonctionnement.

Les séances du conseil départemental seront publiques et les discussions reproduites sténographiquement.

Toutes les décisions du conseil départemental relativement aux desiderata cantonaux seront immédiatement exécutives, sans aller à l'état.

Tout fonctionnaire départemental, de quelque ordre qu'il soit, marié, sera élu par le conseil et réélu chaque année si on est satisfait.

OFFICIEL DÉPARTEMENTAL. — Chaque département aura son *journal officiel* où seront publiés les procès-verbaux des séances du conseil avec les discussions, tous les rapports, tous les documents cantonaux.

L'officiel départemental, reçu et collectionné aux cantons et aux communes, constituera le recueil des actes administratifs de tout le département.

Je n'ai pas besoin d'insister sur le rôle utile et indispensable de cet officiel pour la bonne gestion des affaires et pour l'instruction des électeurs.

CONSEIL NATIONAL. — Le quatrième dimanche, tous les conseillers départementaux -- plus de six mille — réunis à Paris, éliront le conseil national — 300 ou 400 membres. L'élection terminée, le conseil élira deux présidents, le premier, PRÉSIDENT DE LA RÉPUBLIQUE, le second, *président des ministres* avec le portefeuille de l'intérieur; puis le conseil nommera le ministre de la santé publique, de l'agriculture, du commerce, des travaux publics, etc. Chacun des ministres aura les fonctions dont il a été parlé à leur chapitre spécial.

Ils présenteront à la Chambre les desiderata exprimés dans les rapports spéciaux à chacun d'eux.

Tous les hauts fonctionnaires nationaux seront élus par la Chambre pour un an.

Les différentes élections terminées, il y aura à remplacer les membres des conseils communaux, cantonaux et départementaux qui seront élus au conseil national ou à un conseil supérieur au sien ; on les trouvera dans le candidat qui viendra le premier à la suite des élus dans chaque genre d'élection.

OFFICIEL NATIONAL. Inutile d'en parler ici, tout le monde comprend ses fonctions, ce sont celles de l'officiel actuel.

Résumé

Je résume mon idée.

Pour que la République soit bien établie et solidement constituée, il faut que l'organisme animal lui serve de modèle de constitution et de fonctionnement.

Dans le corps d'un animal chaque organe a sa vie propre et son fonctionnement spécial : au cerveau, la pensée ; au foie, la bile et la glycose ; à l'œil, la vision ; à l'oreille, l'audition ; au larynx, la voix ; aux muscles, la contraction ; etc., etc. Mais, malgré cette indépendance, tous vivent pour chacun et chacun pour tous. — L'oisiveté est inconnue dans l'organisme animal.

La République doit suivre cet exemple. Décentralisation complète en départements libres vivant de leur organisation propre avec leurs cantons et leurs communes ; mais entente fraternelle par le moyen du Conseil national réglant les intérêts généraux et établissant l'ordre et les progrès dans la République.

De cette façon, aucun retour possible au despotisme.

Au contraire, avec la centralisation, menace constante de voir surgir un despote.

La décentralisation est républicaine.

La centralisation est despotique.

Conclusion

La République représente une nombreuse famille — *Intérieur* — dont tous les membres sont beaux, bien faits, robustes — *santé publique* — instruits et bien éduqués — *Instruction*. — Ils vivent dans l'abondance — *agriculture*. — Ils sont riches, bien vêtus — *travaux publics* et *commerce* — en relation amicale entre eux — *postes* — et avec leurs voisins — *extérieur*. — Ils habitent de belles maisons, situées dans de beaux jardins paysagés: les salons sont vastes, ornés de peintures et de tapisseries de prix; on y donne des fêtes et des concerts — *Beaux-Arts*. Les soins les plus attentifs, les présents les plus riches sont prodigués aux parents qui dirigent leur association fraternelle — *finances*. Mais prêts à réprimer toute infraction à leurs conventions — *justice*. — Très aimables avec leurs voisins, ils entendent être respectés par eux — *guerre*. — Ils sont en échange constante d'amitié et de cadeaux avec des frères éloignés — *colonies*, — qu'ils sauraient faire respecter au besoin — *marine*. — Ils veulent chasser de chez eux une association de célibataires hypocrites, sournois, vivant hors les lois de la nature et cherchant à les désunir et à les ruiner moralement et matériellement — *cultes*.

Dijon, imp. F. Carré.

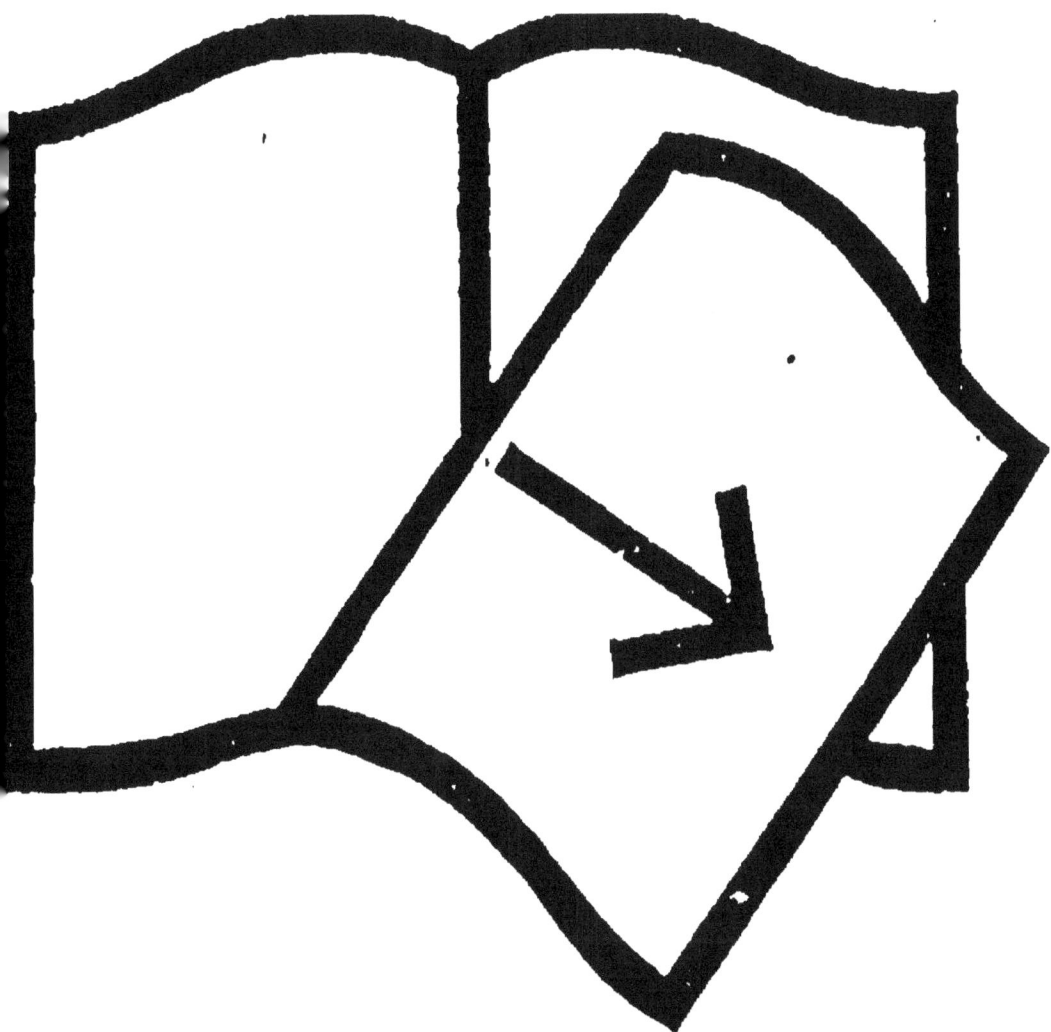

Documents manquants (pages, cahiers...)
NF Z 43-120-13